Deja de procrastinar:

Supera la procrastinación y logra tus objetivos

Por Giovanni Rigters

Derechos de autor

Copyright © 2019 Todos los derechos reservados. Ninguna parte de este libro puede ser reproducida, almacenada en un sistema de recuperación, o transmitida en cualquier forma o por cualquier medio, electrónico, mecánico, fotocopiado, grabado, escaneado, o de otra manera, sin el permiso previo por escrito del editor.

Table de Contenido

Introducción 4

Capítulo 1: ¿Eres un aplazador? 6

Capítulo 2: Por qué la gente es perezosa 10

Capítulo 3: Razones por las que la gente aplaza las cosas 13

Capítulo 4: 7 excusas que podrías tener para postergar 15

Capítulo 5: Cómo detener la procrastinación 23

Conclusión 72

Descargo de responsabilidad 75

Introducción

La procrastinación es un mal hábito que puede convertirse en un rápido viaje en un espiral descendente. Comienza inocentemente como una evasión de las tareas y responsabilidades que deben cumplirse, pero si se le permite desarrollarse puede convertirse en un hábito desagradable. Hay muchos efectos negativos y perjudiciales de la procrastinación, y es vital que se aprenda a reconocer los signos y a tomar medidas para dejar de postergar.

Si has reconocido que tienes un problema, es hora de que te sientes y hagas algo al respecto. No dejes que la procrastinación arruine tu vida, tus relaciones y tu trabajo. Aquí hay algunas sugerencias que tenemos para animarte a que dejes de postergar.

La procrastinación pospone tu éxito y te mantiene encerrado en un estado de estrés emocional. Puedes salir de este estado frustrante con un poco de previsión de tu parte.

Si estás leyendo esto, probablemente estás luchando con la procrastinación de alguna forma.

Ya sea que tu procrastinación sea un asunto menor que simplemente está perjudicando tu productividad, o un asunto mayor que te está impidiendo alcanzar tus metas, probablemente has tratado de superar la procrastinación por tu cuenta antes, y viste que esto puede ser más difícil de lo que parece.

Capítulo 1: ¿Eres un aplazador?

Le pasa a todos: Aparece un proyecto que es realmente importante. Deberías concentrarte en completarlo. Sin embargo, se te ocurren varias excusas para no empezar. Bob necesita ser llamado de antemano, no tienes el papeleo adecuado o no estás seguro de por dónde empezar. Independientemente del "por qué", todos nos encontramos con esos momentos en los que lo postergamos.

Además, la procrastinación tiene un efecto acumulativo. Incluso cuando finalmente se completa una tarea, cinco más han aparecido para tomar su lugar. No importa lo mucho que lo intentes, parece que hay un ciclo interminable de cosas por hacer.

La verdad es que todos lo hemos postergado en algún momento de nuestras vidas. Para la mayoría de nosotros, sucede de vez en cuando, pero para algunas personas, la procrastinación ha impedido su capacidad de vivir una vida feliz y exitosa. Este libro está escrito para estos últimos donde quieran que estén luchando para completar proyectos y tareas personales a tiempo.

No es tan difícil dejar de postergar cosas. En realidad, todo lo que tienes que hacer es formar los mismos hábitos usados por innumerables personas exitosas y hacerlos parte de tu rutina. Aunque estas personas suelen tener los mismos miedos y limitaciones que tú, son capaces de tomar medidas consistentes porque se han entrenado para hacerlo.

En este libro, descubrirás un catálogo de ideas que te ayudarán a superar la procrastinación en el día a día. Mientras que muchos libros proporcionan una simple lista de consejos, aprenderás por qué funciona una estrategia específica, qué creencias limitantes elimina y cómo puede aplicarse inmediatamente a tu vida. En resumen, aprenderás las causas de tu procrastinación y cómo superarlas.

Esta guía pretende ser una fuente definitiva, que te ayudará a resolver tu problema de procrastinación de una vez por todas. Se basa en décadas de investigación científica sobre el tema, y contiene un enfoque sistemático que puedes implementar para vencer tu procrastinación, junto con una lista completa de técnicas anti procrastinación que puedes utilizar.

La guía es bastante extensa, ya que la procrastinación es un problema complejo, que requiere una solución exhaustiva. Sin embargo, no dejes que eso te desanime; siéntete libre de hojear todo en este libro, especialmente en lo que se refiere a la lista de técnicas para evitar la procrastinación, y céntrate en las cosas que creas que te ayudarán en tu situación.

Esta guía comienza con una introducción a la procrastinación, junto con una explicación de por qué postergamos, así como la evidencia científica que muestra que se puede aprender a dejar de postergar. A continuación, veremos un esquema del enfoque que te permitirá vencer tu procrastinación, seguido de una lista de las técnicas de antiprocrastinación que puedes utilizar, junto con consejos sobre cómo hacer que este proceso sea lo más eficaz posible.

Mientras leas, ten esto en mente: la procrastinación es un tema difícil de manejar, pero si te tomas el tiempo necesario para leer esta guía y formular un plan de acción válido, y si luego sigues este plan, tendrás una excelente oportunidad de superar o reducir tu procrastinación.

Capítulo 2: Por qué la gente es perezosa

Si eres un aplazador, probablemente te has preguntado alguna variación de la siguiente pregunta en el pasado:

"¿Por qué sigo aplazando aunque sé que es malo para mí y aunque quiero parar?"

La gente a menudo asume que aplaza las cosas simplemente como resultado de la pereza o la falta de fuerza de voluntad, pero la verdadera respuesta es mucho más compleja que eso, y tiene que ver con los mecanismos cognitivos que usamos para autorregular nuestro comportamiento, en nuestros intentos de llevar a cabo la acción que está en nuestro mejor interés.

En resumen, cuando necesitamos realizar una determinada tarea, normalmente dependemos de nuestro autocontrol para conseguirlo. Además, nuestra motivación, que se basa en el deseo de alguna recompensa que recibiremos como resultado de completar esa tarea, puede proporcionar un impulso útil a nuestro autocontrol, que nos ayuda a actuar de manera oportuna.

Sin embargo, hay varios factores desmotivadores, como la ansiedad o el miedo al fracaso, que tienen un efecto opuesto al de nuestra motivación, lo que significa que pueden hacernos más propensos a posponer nuestras tareas innecesariamente, en lugar de realizarlas a tiempo.

Además, hay también varios factores que obstaculizan, como el agotamiento mental o los entornos de distracción, que interfieren directamente en nuestro autocontrol y motivación, de manera que también nos hace más propensos a aplazar las cosas.

Siempre que estos factores desmotivadores y obstaculizadores superan nuestro autocontrol y motivación, terminamos posponiéndolo. Entonces tenemos que esperar hasta que el equilibrio entre ellos se revierte a nuestro favor antes de poder empezar nuestro trabajo, lo que a veces puede llevar mucho tiempo.

Sin embargo, como verás en esta guía, utilizando las técnicas adecuadas, es posible cambiar activamente este equilibrio a tu favor. Esto te permitirá tomar el control de tu vida, y te permitirá hacer tu trabajo cuando quieras, en lugar de cuando tu fuerza de voluntad te lo diga.

Capítulo 3: Razones por las que la gente aplaza las cosas

LOS "CINCO GRANDES"

1. Miedo al fracaso No puedes controlar las respuestas de los demás a tu trabajo; sobrevalorar estas respuestas puede crear ansiedad:

Perfeccionismo: tener estándares inalcanzables te desanimará a seguir con una tarea

Doble seguro: la procrastinación puede ser una forma de proteger nuestra autoestima, es decir, si no me va bien en un examen, es porque no estudié, si me va bien, soy un genio porque no estudié

2. Miedo al éxito Miedo de lo que podría pasar si tuviéramos éxito

3. Miedo a perder el control Cuando te sientes fuera de control, una persona puede desarrollar una actitud rebelde para ganar una mayor sensación de

control. - Por ejemplo, un profesor quiere una tarea para una fecha determinada, y yo decidí entregarla 2 semanas después.

4. Miedo a la Separación Miedo a que la finalización con éxito del trabajo nos aleje de los demás.

5. Miedo al apego Miedo a que la finalización exitosa del trabajo pueda acercar demasiado a los demás.

Capítulo 4: 7 excusas que podrías tener para postergar

Es bastante fácil inventar una excusa para no empezar una tarea. El truco es saber cuándo una razón es válida y cuándo es una forma creativa de evitar actuar. La mayoría de nuestros sentimientos de procrastinación provienen de un miedo subconsciente o de una creencia autolimitada. Cuando te tomas el tiempo de explorar estos pensamientos, encontrarás que es fácil superarlos y crear una mentalidad orientada a la acción.

Tu mente es una máquina increíble. Te da el poder de crear cualquier cosa a partir de tu imaginación. Sin embargo, también puede limitar tu capacidad de hacer las cosas. A menudo nos quedamos atascados con un proyecto no por falta de deseo, sino por patrones de pensamiento inadaptados que rebotan en nuestras cabezas.

La raíz del "hábito de la procrastinación" viene de nuestras creencias limitantes. Cuando estos pensamientos no se controlan, hacen que se busquen "excusas" para que un proyecto o tarea no se pueda completar. Sin embargo, cuando desafías estas excusas, verás que la mayoría de ellas son causadas por miedos ocultos o patrones de hábitos destructivos.

Hay siete excusas que la gente suele dar. Comprende por qué ocurren y estarás un paso más cerca de superar la procrastinación:

Excusa 1: "No importa."

La gente a menudo evita las tareas que no parecen importantes. Otras veces es una tarea desagradable que no se relaciona con un objetivo a largo plazo. Y a menudo requiere que superes un miedo importante. No importa qué pensamiento pase por tu cabeza, hay veces que posponemos una tarea porque no parece ser importante.

Uno de los remedios más simples para la excusa de "no importa" es desarrollar el hábito de tomar decisiones simples. O te ocupas de completar una tarea o tienes el valor de deshacerte de ella. Como aprenderás, una de las mejores maneras de superar la procrastinación es tomar decisiones difíciles en tu vida, incluso si eso significa eliminar cosas que una vez parecieron importantes.

Excusa 2: "Necesito hacer _____primero."

Los proyectos a menudo colapsan porque una tarea específica necesita ser completada antes de hacer cualquier otra cosa. Ya sea una llamada telefónica, un proyecto conflictivo o una simple compra, es fácil postergarlo cuando hay algo que debe hacerse antes de cualquier otra cosa. Puedes eliminar para siempre esta excusa desarrollando el hábito de definir por completo cada proyecto. La clave aquí es descomponerlo en una serie de pequeñas acciones que se toman diariamente. (Crédito a "Getting Things Done" por esta gran idea.)

Excusa 3: "Necesito más información para empezar."

A veces esto es una excusa válida. A menudo tenemos tareas que requieren una investigación exhaustiva antes de empezar. Sin embargo, no creo que sea una excusa válida si lo haces semanalmente.

A riesgo de sonar sarcástico, la solución más simple a esta excusa es obtener más información.

No saber cómo hacer algo nunca debe ser una razón para evitar un proyecto. Hoy en día, es posible aprender cualquier habilidad o encontrar a alguien que lo haga por ti.

Excusa 4: "Me siento abrumado y tengo mucho que hacer."

Todos experimentamos esos momentos en los que nos sentimos abrumados. Parece que no importa lo duro que trabajemos, nuestras listas de tareas nunca se hacen. Usualmente este problema le sucede a la gente que posee la "mentalidad de Superman" donde se sienten personalmente responsables de hacer todo por su cuenta.

La sensación de estar abrumado puede eliminarse centrándose en proyectos importantes y delegando/eliminando el resto. Una vez que sepas identificar lo que es importante, encontrarás que es fácil "manejar" cada tarea y hacer las cosas de manera consistente.

Excusa 5: "No tengo tiempo ahora mismo."

De nuevo, esta es una excusa completamente válida. A veces estás centrado en un proyecto y no tiene sentido empezar otro. Sin embargo, la excusa de "no hay tiempo" a menudo se convierte en un desagradable hábito de aplazamiento en el que siempre estás posponiendo cosas importantes.

Decir que no tienes suficiente tiempo ahora promete un futuro perfecto en el que el trabajo será más fácil, menos complicado y divertido de hacer. Sin embargo, inconscientemente, mucha gente pone esta excusa con la secreta esperanza de que la necesidad de hacer la tarea desaparezca eventualmente.

Si sigues retrasando la acción hasta ese utópico "algún día", hay muchas posibilidades de que nunca abordes ese proyecto.

Excusa 6: "Sigo olvidándome de hacerlo."

La gente a menudo pospone una tarea porque se olvida de hacerla. Claro, todos tenemos esos momentos en los que algo se nos escapa de las manos. Sin embargo, ser crónicamente olvidadizo es un signo de una resistencia profundamente arraigada hacia una tarea específica.

Tal vez no creas que es importante. Tal vez te asusta el fracaso. O tal vez no estás usando un sistema de organización efectivo. El punto aquí es que el "olvido" no es una razón válida para la procrastinación. En algún momento, tendrás que comprometerte a empezar una tarea o a deshacerte de ella.

Excusa 7: "No tengo ganas de hacerlo."

Claro, siempre habrá tareas desagradables que nos dan miedo. El secreto es saber cuándo hay que hacer algo y cuándo puede ser eliminado permanentemente. A menudo confundimos los dos evitando tareas que podrían tener un impacto positivo a largo plazo en nuestras vidas. Eso significa que aunque no quieras hacer algo, no debería ser la única razón por la que lo estás posponiendo.

Capítulo 5: Cómo detener la procrastinación

Para dejar de postergar, primero debes establecer tus objetivos, y luego identificar cómo la procrastinación te impedirá alcanzarlos. Luego, necesitas crear un plan de acción basado en esta información, y luego implementar este plan, mientras te aseguras de refinarlo sobre la marcha.

En las secciones siguientes, se explicará más sobre cada uno de estos pasos, para que pueda utilizar este enfoque de la manera más eficaz posible.

Establece tus metas...

El primer paso para superar tu procrastinación es establecer tus objetivos.

Cuando se hace esto, es crucial asegurarse de que los objetivos son lo más claros posible, ya que es más probable que se posponga cuando se trata de objetivos que son vagos, en comparación con los objetivos que están claramente definidos.

Por ejemplo, "estar más saludable" es un objetivo relativamente vago, y por lo tanto es más probable que lo pospongas cuando se trata de perseguirlo que cuando se trata de perseguir un objetivo más concreto como "beber sólo agua y evitar comer comida rápida durante el mes siguiente".

Del mismo modo, un objetivo como "empezar a hacer ejercicio" es relativamente vago, y por lo tanto es más probable que lleve a la procrastinación que un objetivo más concreto, como "ir al gimnasio 3 veces a la semana, y hacer ejercicio durante al menos 30 minutos cada vez".

Además, al establecer tus objetivos, también quieres asegurarte de que esos objetivos son alcanzables y significativos:

"Alcanzable" significa que tus objetivos deben ser lo suficientemente realistas para que puedas lograrlos.

"Significativo" significa que tus objetivos deben ser lo suficientemente sustanciales como para que te lleven a hacer un progreso notable.

Identificar el problema

Si quieres resolver con éxito tu problema de aplazamiento, es importante que primero entiendas la naturaleza exacta del problema con el que estás tratando.

Específicamente, hay tres factores principales que debe considerar al evaluar la naturaleza de tu procrastinación:

Cuando lo pospongas. Esto implica preguntarse en qué situaciones lo pospones. Por ejemplo, ¿tiendes a aplazar más las cosas cuando trabajas en casa que cuando trabajas en la biblioteca? ¿Te cuesta terminar las tareas después de haberlas empezado o te cuesta empezarlas en primer lugar?

Cómo lo postergas. Esto implica preguntarse a sí mismo qué haces cuando estás aplazando. Por ejemplo, ¿buscas en los medios sociales, juegas a videojuegos, ves programas de televisión, sales con amigos o encuentras tareas pequeñas y sin importancia para completar?

Por qué lo pospones. Esto implica preguntarse a sí mismo qué es lo que está causando que lo pospongas. Por ejemplo, ¿te encuentras constantemente distraído o te sientes tan abrumado que no sabes cómo empezar?

Dividir tu trabajo en pequeños pasos

Parte de la razón por la que lo postergamos es porque subconscientemente, encontramos el trabajo demasiado abrumador para nosotros. Lo dividimos en pequeñas partes, y luego nos centramos en una parte a la vez. Si todavía lo pospones después de dividirlo, entonces divídelo aún más. Pronto, tu tarea será tan simple que pensarás "¡caramba, esto es tan simple que podría hacerlo ahora!".

Por ejemplo, actualmente estoy escribiendo un nuevo libro (sobre Cómo lograr algo en la vida). La escritura de libros a gran escala es un proyecto enorme y puede ser abrumador. Sin embargo, cuando lo desgloso en fases como estas se ve aún más simple:

- Investigación
- Decidir el tema
- Creando el esquema
- Redacción del contenido
- Escribiendo los capítulos 1 a 10,
- Revisión
- etc.

Crear un Plan de Acción

Una vez que hayas establecido tus objetivos e identificado la naturaleza de tu problema de procrastinación, puedes crear un plan de acción que te permita dejar de postergar y comenzar a hacer las cosas.

Para crear un plan de acción, hay que averiguar qué técnicas de antiprocrastinación se deben utilizar y cómo utilizarlas. Estas técnicas, que se enumeran en la siguiente sección, se dividen en dos categorías principales:

Técnicas de comportamiento. Estas técnicas implican modificar directamente tus acciones, ayudándote a inculcar comportamientos positivos y evitar los negativos. Ejemplos de técnicas conductuales anti-procrastinación incluyen dividir las tareas grandes en otras más pequeñas y eliminar las distracciones de su entorno de trabajo.

Técnicas cognitivas. Estas técnicas implican la modificación directa de tus pensamientos, ayudando a inculcar patrones de pensamiento positivos y evitar los negativos. Ejemplos de técnicas cognitivas anti-procrastinación incluyen la visualización de tu yo futuro y el enfoque en tus objetivos en lugar de tus tareas.

Priorizar las tareas

Priorizar las tareas puede ayudar a determinar las tareas en las que hay que trabajar y cuándo hay que trabajar en ellas. Esto asegurará que no termines posponiendo la tarea perdiendo el tiempo en algunas que son triviales y descuidando las importantes, y también te ayudará a evitar situaciones en las que te sientas abrumado porque no estás seguro de por dónde empezar o en cuáles deberías estar trabajando.

Dos métodos comunes para priorizar tus tareas son los siguientes:

El método Ivy Lee. Este método consiste en preparar una lista de tareas al final de cada día, y escribir una lista de seis tareas que quieres completar mañana, clasificadas por orden de importancia.

La Matriz de Eisenhower. Este método implica categorizar cada tarea que tiene en base a si es importante o no y en base a si es urgente o no urgente, y luego priorizar las tareas en base a estos criterios.

Visualiza el futuro que quieres.

Imagina las emociones que sentirás. Imagínate en un lugar favorito celebrando lo que has logrado. Imagina a los que más te quieren celebrando tu éxito.

Aprovecha el miedo.

El miedo es una poderosa emoción que puede mantenernos atascados en excusas. Sin embargo, al centrarse en lo que no quieres, puedes aprovecharlo a tu favor. Así que escribe cómo te sentirás dentro de un año si no haces nada. Sé valiente y realmente honesto contigo mismo sobre el costo de la continua inacción. Después de todo, si nada cambia, ¡nada cambia!

Construir la responsabilidad.

Consigue un equipo de apoyo o un socio de responsabilidad o, como sugerí en Dejar de jugar a lo seguro, recluta tu propia Junta Personal de Asesores para ayudarte a mantenerte centrado y en el camino. Establece un horario para registrarte regularmente y házle saber a tu equipo las formas en que pueden ayudarte. Por ejemplo, para recordarte los logros pasados, y por qué te pusiste a hacer estos cambios en primer lugar.

Premiar el progreso.

Establece un sistema de recompensas para asegurarte de que celebras el progreso y los pequeños éxitos a medida que avanzas. Ya sea una actividad divertida con los amigos o un regalo para ti mismo, hazlo algo que reconozca tu progreso y esfuerzo.

Actúa valientemente a diario. A partir de hoy.

Crear un impulso es crucial al principio. Así que comprométete a salir de tu zona de confort al menos una vez al día. A partir de hoy, antes de que tus excusas cargadas de miedo, disfrazadas de pura pereza, surtan efecto de nuevo. Puede ser algo realmente pequeño. Después de todo, no importa cuán rápido vayas, siempre y cuando des un paso adelante en una dirección que te inspire. Así que da ese primer paso, luego otro, luego otro... después de todo - la vida recompensa la acción.

Identifica tus ciclos de productividad

Diferentes personas tienen diferentes ciclos de productividad, lo que significa que diferentes personas son productivas en diferentes momentos del día. Por ejemplo, algunas personas pueden trabajar mejor por la mañana, mientras que otras pueden ser más productivas por la noche. Del mismo modo, algunas personas pueden ser más productivas después de comer, mientras que otras pueden ser más productivas cuando tienen hambre.

Una buena manera de reducir tu tendencia a aplazar es identificar tus horas punta, que son las horas del día en que eres más productivo, y luego planear tu horario de manera que la mayor parte de tu trabajo esté programado para esos períodos de tiempo.

Establecer una rutina

Establecer una rutina diaria/semanal/mensual consistente puede ser útil para evitar que lo pospongas.

Por ejemplo, puedes establecer una rutina de trabajo creativo a primera hora de la mañana antes de revisar los correos electrónicos o los medios sociales, lo cual es una buena manera de asegurarte de que empiezas el día siendo productivo, y completando tus tareas más importantes mientras aún tienes la cabeza despejada.

La rutina que establezcas debe tener en cuenta tus ciclos de productividad diaria, lo que significa que diferentes rutinas funcionarán para diferentes personas. Establecer una rutina es especialmente importante en algunos casos, por ejemplo si tiendes a tener un horario de sueño errático, lo que podría hacer que se carezcas de sueño y, por lo tanto, que seas más propenso a la procrastinación.

Trata de alcanzar un estado de flow

Un estado de flow es un estado mental en el que te sumerges completamente en la actividad que estás realizando. Este estado, que coloquialmente se denomina "estar en la zona", es un estado mental óptimo en términos de productividad, ya que te permite concentrarte en tu trabajo y disfrutarlo, lo que reduce significativamente la probabilidad de que pospongas las cosas.

Para ayudarte a llegar a este estado, trata de crear las condiciones adecuadas, trabajando durante las épocas en que eres naturalmente productivo, y eliminando las distracciones externas de tu entorno, a fin de ayudarte a concentrarte en la tarea que tienes entre manos.

Establecer metas macro y micro cuotas

Los planes no valen nada, pero la planificación lo es todo.

La motivación está entretejida con los objetivos que se establecen, así como con los planes que se construyen para alcanzarlos. Sin muchas razones para trabajar, te encontrarás agotado y letárgico.

En un sorprendente estudio sobre la motivación, los investigadores descubrieron que el pensamiento abstracto sobre las metas puede ayudar con la disciplina. En el sentido más básico, "soñar en grande" no es un mal consejo (aunque soñar demasiado puede ser perjudicial, más sobre eso más adelante).

Pero también está el problema de establecer planes grandiosos y de sentirse intimidado por tus propias y elevadas expectativas.

Por ejemplo, en nuestra investigación de miles de propuestas, encontramos que el problema número uno que la gente hace cuando se trata de crear una propuesta, es que la posterga.

Siempre ponte en marcha...

He cubierto una plétora de investigaciones que muestran que la "parálisis del análisis" es una de las causas principales de la procrastinación.

No saber qué hacer es a menudo peor que el propio trabajo.

Por eso siempre debes esforzarte por empezar con nuevos compromisos, especialmente en términos de cómo empiezas cada día.

La noche anterior, crea una simple lista de cosas por hacer (¡olvida las aplicaciones, el bolígrafo y el papel!) que consista en 3 grandes cosas que quieras hacer, y el trabajo que ello supondrá.

Guárdalo en tu escritorio para cuando te sientes, o en tu bolso si vas al trabajo, y sácalo de inmediato cuando sea el momento de ir al trabajo.

Esto tampoco tiene que ser lo primero en la mañana, siempre que empieces a trabajar. Puede funcionar tanto si eres nocturno o madrugador.

La técnica de redireccionamiento

Ser demasiado duro contigo mismo no es saludable. De hecho, este estudio muestra que la auto-culpa es definitivamente contraproducente. El estudio examinó los hábitos de estudio en particular, y tenía esto que decir:

"El perdón permite al individuo dejar atrás su comportamiento inadaptado y centrarse en el próximo examen sin la carga de los actos pasados que dificultan el estudio."

Eso no significa que debas rendirte, sino que no debes dejar que el hecho de no querer hacer algo te haga sentir mal.

Demonios, si lees libros como Daily Rituals, verás que muchos grandes escritores lucharon con su ética de trabajo a lo largo de toda su carrera.

En su lugar, deberías tratar de redirigir tus peores sesiones de aplazamiento hacia algo productivo.

Cambia tu entorno

Diferentes ambientes tienen diferentes impactos en nuestra productividad. Mira tu escritorio de trabajo y tu habitación. ¿Te dan ganas de trabajar o te dan ganas de acurrucarte y dormir? Si es lo último, deberías considerar cambiar tu espacio de trabajo.

Una cosa a tener en cuenta es que un ambiente que nos hace sentir inspirados antes puede perder su efecto después de un período de tiempo. Si ese es el caso, entonces es hora de cambiar las cosas.

Si estás postergando demasiado, tal vez sea porque lo haces fácil de postergar.

Identifica los marcadores de tu navegador que te ocupan mucho tiempo y muévelos a una carpeta separada que sea menos accesible. Deshabilita la opción de notificación automática en tu correo electrónico. Deshazte de las distracciones que te rodean.

Sé que algunas personas se quitarán de en medio y borrarán/desactivarán sus cuentas de Facebook. Creo que es un poco drástico/extremo ya que abordar la procrastinación es más acerca de ser conscientes de nuestras acciones que de contrarrestar a través de métodos auto-obligatorios, pero si sientes que eso es lo que se necesita, ve por ello.

Pasa el tiempo con personas que te inspiran a actuar

Estoy seguro de que si pasas sólo 10 minutos hablando con Steve Jobs o Bill Gates, estarás más inspirado para actuar que si pasas los 10 minutos sin hacer nada. La gente con la que estamos influye en nuestro comportamiento. Por supuesto que pasar tiempo con Steve Jobs o Bill Gates todos los días no es un método factible, pero el principio se aplica.

Identifica a las personas, amigos o colegas que te provoquen avanzar - lo más probable es que sean los que más se esfuerzan y los que más trabajan y salgan con ellos más a menudo. Pronto inculcarás su empuje y espíritu también.

Consigue un compañero

Tener un compañero hace que todo el proceso sea mucho más divertido. Lo ideal sería que tu compañero fuera alguien que tuviera su propio conjunto de objetivos. Ambos se harán responsables de sus metas y planes. Aunque no es necesario que ambos tengan las mismas metas, será aún mejor si es así, para que puedan aprender el uno del otro.

Tengo un buen amigo con el que hablo regularmente, y siempre nos preguntamos sobre nuestros objetivos y el progreso en el logro de esos objetivos. No hace falta decir que nos estimula a seguir tomando medidas para mejorar.

Cuéntale a otros sobre tus objetivos

Esto cumple la misma función que el #6, a mayor escala. Cuéntale a todos tus amigos, colegas, conocidos y familiares sobre tus proyectos. Cada vez que los veas, te preguntarán sobre el estado de esos proyectos.

Por ejemplo, a veces anuncio mis proyectos en el Blog de Excelencia Personal, Twitter y Facebook, y mis lectores me preguntan sobre ellos de forma continua. Es una gran manera de mantenerme responsable de mis planes.

Busca a alguien que ya haya logrado el resultado

¿Qué es lo que quieres lograr aquí, y quiénes son las personas que ya lo han logrado? Ve a buscarlos y conéctate con ellos. Ver la prueba viviente de que tus objetivos son muy alcanzables si tomas medidas es uno de los mejores detonantes para la acción.

Re-Clarificar sus objetivos

Si has estado postergando por un período de tiempo prolongado, podría reflejar un desajuste entre lo que quieres y lo que estás haciendo actualmente. A menudo, superamos nuestros objetivos a medida que descubrimos más sobre nosotros mismos, pero no cambiamos nuestros objetivos para reflejar eso.

Aléjate de tu trabajo (unas cortas vacaciones serán buenas, si no, un fin de semana también lo será) y tómate un tiempo para reagruparte. ¿Qué es exactamente lo que quieres lograr? ¿Qué deberías hacer para llegar allí? ¿Cuáles son los pasos a seguir? ¿Tu trabajo actual está en consonancia con eso? Si no, ¿qué puedes hacer al respecto?

Identificar los 4 pilares de la procrastinación

Según un estudio académico titulado La naturaleza de la procrastinación, parece haber cuatro pilares de procrastinación que influyen en la población en general.

Identificar qué pilar te impide realizar una determinada tarea puede ser útil para superar la barrera inicial para empezar. Después de todo, la investigación sobre el Efecto Zeigarnik nos muestra que empezar es realmente la parte más difícil.

Aquí están los 4 pilares:

Bajo valor de la tarea: En pocas palabras, tareas que percibimos como de bajo valor, ya sea en términos de diversión o de recompensas a largo plazo. Cuando una tarea es desagradable o aburrida, podemos intentar vincular actividades más agradables a la tarea ("Voy a ir a trabajar este proyecto a la cafetería mientras tomo mi bebida favorita"), como sugiere esta investigación, o podemos añadir a la fuerza elementos artificiales como plazos "sin vuelta atrás" (como se ha mencionado anteriormente).

Personalidad: Desafortunadamente, la personalidad juega un papel importante en la procrastinación. Algunas personas son más impulsivas que otras. La ventaja es que aunque es difícil controlar nuestra personalidad, es mucho más fácil controlar nuestro entorno. Por ejemplo, me encanta la carne seca, y literalmente me llenaré la cara con ella si está en mis manos. Para mantener mis impulsos al mínimo, lo pongo en una despensa alta que requiere una escalera para llegar a ella, confiando en la molestia de llegar a la despensa en lugar de mi propia fuerza de voluntad. Para el trabajo, bloqueo las distracciones dirigiéndome a lugares tranquilos (como la biblioteca) y me limito a sitios donde se pierde el tiempo con herramientas como StayFocusd.

Expectativas: Si esperas completar una tarea fácilmente, entonces es menos probable que lo pospongas. Este pilar es un poco más difícil de cortar, pero el mejor truco es simplemente darse cuenta de que el primer paso es a menudo el más difícil psicológicamente. Por lo general, un inminente "quehacer" será mucho menos horroroso de lo que imaginamos, así que si podemos dedicar 5 minutos a probarlo, podremos ver cómo es realmente.

Fallo de la meta: El miedo al fracaso es algo real para muchos postergadores. Este pilar realmente tiene que ver con la confianza en tus habilidades. Para una visión más amplia sobre ese tema, recomiendo este artículo, así como este otro sobre NerdFitness.

Hacer el tipo de fantasía "correcta"

Las fantasías sobre el futuro generalmente están bien y son muy divertidas.

Pero se ha demostrado que fantasear en exceso es un asesino de objetivos y una razón enorme para que la gente lo posponga (tiende a relacionarse con el perfeccionismo).

Según este estudio sobre motivación y fantasías, cuando "construyes castillos en el cielo" puedes estar saboteando metas reales y obtenibles. Los investigadores probaron a los sujetos sobre lo común que era fantasear sobre su futuro, y siguieron su desempeño en varias categorías.

Toma a esos sujetos que buscan trabajo. Los que pasaron más tiempo soñando con conseguir un trabajo, tuvieron peores resultados. Dos años después de dejar la universidad los "soñadores":

había solicitado menos puestos de trabajo,

se le habían ofrecido menos trabajos,

y, si estaban en el trabajo, tenían salarios más bajos.

Trabaja todo el tiempo que trabajes

Cada minuto que pasas sin trabajar cuando se supone que estás trabajando, significa que tendrás que ponerte al día tarde o temprano - o no podrás progresar rápidamente. Si necesitas ponerte al día (trabajando horas extras, por ejemplo) esto te costará tiempo lejos de los amigos y la familia. Por lo tanto, trabaja todo el tiempo cuando se supone que debes trabajar. Concéntrate, elimina las distracciones y haz el trabajo.

Actualiza tus habilidades clave

Una de las principales razones de la procrastinación es la sensación de insuficiencia, la falta de confianza o la incapacidad en un área clave de una tarea. Sentirse débil o deficiente en una sola área es suficiente para desanimarte a empezar el trabajo. Por lo tanto, resuelve continuar mejorando tus habilidades clave (las habilidades imprescindibles para el trabajo) leyendo, siguiendo cursos y asistiendo a seminarios.

Máxima energía = Máxima productividad

Cuando no cuidas tu salud, tus niveles de energía bajan dramáticamente, bajando también tus niveles de productividad. Invierte en tu salud y mejora tus niveles de energía. Cuanta más energía tengas, más duro, más tiempo y mejor podrás (y querrás) trabajar. Resuelve hacer ejercicio al menos 3 veces por semana y come una dieta saludable. Además, limita la ingesta de alcohol y cafeína para evitar choques energéticos.

Usar el poder del impulso

Incluso tomando sólo 5 minutos de acción comenzarás a activar el principio del impulso. El ímpetu es extremadamente poderoso cuando se trata de superar la procrastinación. A menudo, es difícil empezar a trabajar en una tarea, pero se necesita mucha menos fuerza de voluntad para seguir trabajando cuando ya hemos empezado. Esto se llama impulso. Resuelve trabajar durante sólo 15 minutos en una tarea cuando sientas que se está aplazando, ya que el principio del impulso probablemente te mantendrá en marcha durante mucho más tiempo.

Una sola tarea para el éxito

Al concentrarte en tu tarea más importante, puedes reducir el tiempo necesario para completarla en un 50% o más en comparación con la realización de múltiples tareas. Se ha investigado que al trabajar en más de una tarea al mismo tiempo, puede tomar hasta un 500% más de tiempo para completar todas las mismas. Esto se debe a los "costos de cambio" mentales que disminuyen nuestra concentración y nos hacen trabajar mucho más lento (y también nos hace propensos a más errores).

Trata de alcanzar un estado de flow

Un estado de flow es un estado mental en el que te sumerges completamente en la actividad que estás realizando. Este estado, que coloquialmente se denomina "estar en la zona", es un estado mental óptimo en términos de productividad, ya que te permite concentrarse en tu trabajo y disfrutarlo, lo que reduce significativamente la probabilidad de que lo pospongas.

Para ayudarte a llegar a este estado, trata de crear las condiciones adecuadas, trabajando durante las épocas en que eres naturalmente productivo, y eliminando las distracciones externas de tu entorno, a fin de ayudarte a concentrarte en la tarea que tienes entre manos.

Dado que estar en este estado es muy beneficioso, y dado que puede ser difícil llegar allí, si te encuentras en un estado de flow no dejes de trabajar a menos que sea absolutamente necesario. A menudo se puede lograr más en unas pocas horas de flow que en semanas de procrastinación, por lo que este estado mental debe ser apreciado tanto como sea posible.

Establece plazos para ti mismo

Fijar plazos para ti mismo puede reducir la probabilidad de que lo pospongas, ya que los plazos sirven como un dispositivo de compromiso, que te ayuda a planificar con antelación y a motivarte.

Cuando te pones plazos, hay varias cosas que debes tener en cuenta:

Los plazos deben ser concretos. Como vimos anteriormente, es más probable que cumplan con compromisos que estén definidos concretamente, que con compromisos que sean vagos. Esto significa, por ejemplo, que "Jueves a las 4 PM" es un mejor plazo que "en algún momento de mañana".

Los plazos deben ser realistas. Deberías elegir plazos que te den todo el tiempo que necesites para completar una tarea, pero no más que eso. Los plazos que no te dan suficiente tiempo para terminar tu trabajo pueden hacer que te sientas estresado o que te rindas por completo, mientras que los plazos que te dan más tiempo del que necesitas te animan a retrasarte innecesariamente (un fenómeno conocido como la ley de Parkinson).

Use una lista de cosas por hacer

El uso de una lista de tareas es muy beneficioso cuando se trata de ayudar a evitar el aplazamiento, por varias razones:

Te ayuda a desglosar tus objetivos en tareas factibles.

Te ayuda a organizar tus tareas, priorizarlas y programarlas de manera óptima.

Te ayuda a concentrarte sólo en tareas específicas en las que necesitas pensar en este momento.

Te ayuda a escribir los plazos y a cumplirlos.

Te ayuda a seguir tu progreso, y a averiguar qué funciona para ti y qué no.

Gamificar tu comportamiento...

El juego (o la gamificación) implica incorporar elementos de los juegos, como la competencia con otros y la acumulación de puntos, en otro tipo de actividades, para aumentar la motivación para trabajar hacia tus objetivos. La gamificación, cuando se implementa correctamente, puede ser una herramienta poderosa cuando se trata de conseguir que dejes de aplazar las cosas.

Por ejemplo, para aumentar tu motivación para completar las tareas, podrías recompensarte con un número de puntos por cada tarea que complete, y deducir un número de puntos por cada tarea que postergue. Además, puedes decidir que, una vez que obtengas un cierto número de puntos, te recompensarás de alguna manera que te proporcione una mayor motivación.

Recompénsate por tus logros

Las personas a menudo posponen las cosas porque las tareas importantes que les resultan gratificantes a largo plazo son menos atractivas que las conductas menos beneficiosas que les resultan más gratificantes a corto plazo. Por lo tanto, se puede reducir la probabilidad de aplazar las cosas asociando las recompensas que son agradables a corto plazo con acciones que son buenas para ti a largo plazo.

Por ejemplo, puedes decidir tomarte un pequeño descanso y ver algo de televisión por cada capítulo que leas en preparación para una prueba, o puedes comer un pequeño trozo de chocolate como recompensa por cada tarea que completes mientras trabajas en un proyecto.

Del mismo modo, también puedes hacer que tus logros sean más gratificantes haciendo cosas simples como escribir cada tarea que completes durante el día, y luego repasarlas por la noche para ver cuánto has conseguido hacer.

Planificar con antelación para futuras contingencias

Una de las principales razones por las que la gente no logra romper el ciclo de aplazamiento es que, a pesar de tener una fuerte intención de objetivo, lo que significa que realmente quieren dejar de aplazar, no planifican con antelación las circunstancias que podrían hacer que lo aplazaran.

Este problema se puede mitigar significativamente creando una fuerte intención de implementación, lo cual puede hacerse identificando situaciones futuras en las que se podría luchar por autorregular el comportamiento con éxito, y luego proponiendo las conductas apropiadas dirigidas a objetivos que se deberían llevar a cabo si alguna vez te encuentras en esas situaciones.

Eliminar las distracciones

Eliminar las distracciones de tu entorno hace que sea más probable que te concentres en tu trabajo y que evites postergarlo.

Por ejemplo, si tu teléfono emite un sonido fuerte cada vez que recibes una notificación, vas a estar constantemente distraído mientras trabajas, lo que hará difícil que te concentres. En esta situación, desearás poner el teléfono en modo silencioso o en modo avión mientras trabajas, lo que te ayudará a concentrarte en tu trabajo.

Al hacerlo, debes tener en cuenta la influencia dañina que incluso las distracciones aparentemente menores pueden tener sobre ti.

Minimiza el número de decisiones que tienes que tomar

Cuantas más decisiones tengas que tomar durante un cierto período de tiempo, más te fatigarás desde una perspectiva mental, y más probable será que lo pospongas a la hora de tomar nuevas decisiones. Por lo tanto, al minimizar el número de decisiones que tienes que tomar en un determinado período de tiempo, puedes mejorar tu capacidad de tomar decisiones de manera oportuna.

Por ejemplo, si necesitas escribir un trabajo, puedes crear una línea de tiempo de las partes del papel en las que necesitas trabajar con antelación, para no tener que tomar la decisión de en qué trabajar cada día. Del mismo modo, puedes elegir la ropa que te pondrás al día siguiente justo antes de irte a dormir, lo que te evitará tener que tomar esa decisión justo al empezar el día.

Cambiar entre las tareas

Si te encuentras aplazando algo porque te sientes atascado, considera la posibilidad de cambiar de tarea por un tiempo antes de volver a las tareas originales que estabas aplazando.

Hacer esto es beneficioso aunque idealmente sería preferible que trabajaras en la tarea original, ya que es mejor hacer algo menos importante que no hacer nada en absoluto, y ya que cambiar entre las tareas a tu discreción podría ayudarte a "desatascarte" cuando sea el momento de volver a la tarea original.

Averigua a qué le temes

La gente a menudo posterga las cosas porque tiene miedo de algo, ya sea que esa cosa esté haciendo mal una tarea o que reciba retroalimentación negativa de otros. Identificar la razón por la que te preocupas por una tarea puede ayudarte a sobrellevar tu miedo, lo que a su vez puede ayudarte a empezar a trabajar.

Por ejemplo, si te das cuenta de que estás postergando el inicio de un nuevo pasatiempo porque te preocupa que te avergüences, puedes hablar con la gente de la comunidad para abordar este temor, lo que te ayudará a ponerte en marcha.

Desarrollar la autocompasión

La autocompasión implica extender la compasión hacia ti mismo en situaciones en las que te sientes mal por los errores que has cometido. La autocompasión es beneficiosa cuando se trata de lidiar con tu procrastinación, ya que alienta el uso de estrategias de regulación de emociones adaptativas, de manera que se reduce la probabilidad de que la postergues, y ya que puede ayudarte a lidiar con el impacto emocional negativo de tu procrastinación.

La autocompasión está compuesta por tres componentes primarios:

La bondad propia. Esta es la cualidad de ser amable contigo mismo, en lugar de criticar, durante los tiempos difíciles.

La humanidad común. Esta es la cualidad de reconocer que la imperfección y el sufrimiento son una parte de la experiencia humana compartida, en lugar de algo que te aísla.

Concienciación. Esta es la cualidad de ser capaz de poseer un enfoque equilibrado, sin juicios y aceptando cuando se trata de sus pensamientos de las emociones, en lugar de sentirse abrumado por ellas.

Encuentra un modelo a seguir

Un modelo a seguir es alguien a quien admiras, basado en factores como sus valores, acciones o logros, y a quien aspiras a ser. Encontrar un modelo a seguir para ti mismo y luego tratar de emularlo puede ayudarte potencialmente a regular mejor tu comportamiento de varias maneras, como por ejemplo aumentando tu impulso interno para perseverar ante los obstáculos.

Por ejemplo, si tienes un modelo de conducta específico en mente, y te encuentras en una situación en la que sabes que debes trabajar pero sientes el deseo de aplazarlo, pregúntate qué haría tu modelo de conducta si estuviera en la misma situación, o cómo te sentirías si pudieran verte ahora.

Vive una vida disciplinada

Vive una vida disciplinada para dejar de postergar.

No te va a gustar esto, pero aquí está el último arreglo a largo plazo para la procrastinación: vivir una vida disciplinada.

Come sano, haz ejercicio regularmente, medita diariamente, prioriza el sueño. Haz tu cama cada mañana, limpia tu habitación una vez a la semana, toma duchas frías. Deja de perder horas de tu día viendo la televisión, jugando a videojuegos, haciendo de tonto en los medios sociales o leyendo las noticias. Lee libros, mira charlas de TED, o escucha audiolibros en su lugar.

Vivir una vida disciplinada logra dos cosas. Primero, comer sano, hacer ejercicio regularmente, meditar y priorizar el sueño han demostrado individualmente que reducen las postergaciones. De la misma manera, reducir la cantidad de tiempo que pasas viendo la televisión, jugando a videojuegos o perdiendo el tiempo de alguna otra manera, también te ayudará a postergar menos.

En segundo lugar, vivir una vida disciplinada es la clave para desarrollar el autocontrol. Verán, aquí está el secreto de la fuerza de voluntad sobrehumana: la autodisciplina engendra autodisciplina. Si actúas con disciplina, te vuelves más disciplinado.

Esto no es ciencia ficción, es ciencia sólida como una roca. Las investigaciones han demostrado que la realización de actividades que requieren autocontrol (por ejemplo, llevar un registro de lo que comes o de cómo gastas tu dinero, acordarte de sentarte derecho cada vez que lo piensas) te ayuda a desarrollar tu músculo de autocontrol general.

Practicar la atención y la meditación

Como dije tantas veces, la procrastinación es en gran parte un problema de manejo de emociones. Siempre se reduce al momento de enfrentar una tarea incómoda. Una parte de nosotros quiere hacerlo; la otra parte no quiere experimentar pensamientos y emociones negativas y quiere huir.

Podemos regular nuestras emociones, dejarlas estar y actuar a pesar de ellas. O podemos dejar que nuestras emociones y pensamientos dirijan el espectáculo - huimos, cedemos a la sensación de bienestar, y lo postergamos.

Siempre se reduce a ese momento. Podemos hacer la tarea (nos guste o no) o huir.

Claramente, si queremos superar la procrastinación a largo plazo, tenemos que mejorar en esto. Necesitamos mejorar en la regulación de nuestras emociones. Necesitamos ser capaces de actuar y seguir con nuestros planes a pesar de experimentar pensamientos y emociones negativas. Entonces, ¿cómo podemos mejorar en esto? ¿Cómo aflojamos el control que tienen nuestros pensamientos y emociones sobre nosotros?

La principal estrategia para que esto suceda es la atención, una habilidad desarrollada principalmente a través de la meditación, definida por el diccionario como "un estado mental alcanzado al centrar la atención en el momento presente, mientras se reconocen y aceptan con calma los propios sentimientos, pensamientos y sensaciones corporales, utilizado como técnica terapéutica".'

La atención nos permite dar un paso atrás, observar nuestros pensamientos y emociones desde una distancia saludable, y permanecer más o menos indiferentes a ellos. Nos permite ver nuestras emociones negativas sin enloquecer y reaccionar exageradamente a ellas. Dicho de otra manera, nos permite estar con nuestras emociones, experimentarlas plenamente dentro de nuestro cuerpo, y tomar medidas constructivas a pesar de ellas.

Concéntrate en tu final.

¿Recuerdas tu experiencia aprendiendo a montar en bicicleta? Parecía como si el objeto en el que más te concentrabas para no correr era lo único que no podías evitar. Yo llamo a esto Fijación de Destino. Nuestras vidas van donde está nuestro foco. Nuestros cerebros luchan por procesar lo negativo, así que concéntrate en lo positivo. ¿A dónde quieres ir? ¿Qué objetivo quieres alcanzar? De ahora en adelante, en lugar de pensar en todas las cosas que podrían salir mal o en las razones por las que deberías posponer algo, concéntrate en tu final y céntrate en lo positivo.

Consejo extra: Llena tu tanque continuamente. Para mantenerte concentrado y seguir avanzando hacia tus objetivos, debes proteger tu energía. Comienza rodeándote de personas que te motiven y te impulsen hacia adelante, y evita a las personas que te hacen caer. ¿Quién o qué te da energía y llena tu tanque? Anota las actividades, personas y cosas que te hacen sentir bien. Luego, haz tiempo para tener más de estas cosas en tu vida.

Conclusión

La procrastinación no es más que una pérdida de tiempo. En lugar de hacer las cosas que nos importan profundamente, pasamos nuestro tiempo en trivialidades; perdiendo horas en los medios sociales, frente a la TV, leyendo chismes, jugando a videojuegos.

Perdemos el tiempo como nada, sin darnos cuenta de que el tiempo es posiblemente nuestro recurso más precioso y menos renovable. "La gente es frugal en la protección de sus bienes personales; pero tan pronto como se trata de perder el tiempo son más derrochadores de la única cosa en la que es correcto ser tacaño."

"Vives como si estuvieras destinado a vivir para siempre; tu propia fragilidad nunca se te ocurre; no te das cuenta de cuánto tiempo ya ha pasado, sino que lo desperdicias como si tuvieras un suministro pleno y desbordante, aunque todo el tiempo ese mismo día que le dedicas a alguien o algo puede ser el último. Actuáis como mortales en todo lo que teméis, y como inmortales en todo lo que deseáis. ¡Qué tarde es para empezar a vivir realmente justo cuando la vida debe terminar! ¡Qué estúpido es olvidar nuestra mortalidad, y posponer los planes sensatos a nuestros cincuenta y sesenta años, con el objetivo de comenzar la vida desde un punto al que pocos han llegado! "

Deja de postergar las cosas en un futuro que tal vez nunca llegue. El momento de empezar a vivir es ahora. Empieza a perseguir tus sueños y aspiraciones ahora. Empieza a trabajar en tu legado ahora. Empieza a convertirte en la persona que deseas ser ahora.

Descargo de responsabilidad

Descargo de responsabilidad Todo el material contenido en este libro se proporciona sólo con fines educativos e informativos. No se puede asumir ninguna responsabilidad por los resultados o consecuencias que se deriven del uso de este material. Aunque se ha hecho todo lo posible para proporcionar información que sea precisa y efectiva, el autor no asume ninguna responsabilidad por la exactitud o el uso/mal uso de esta información

www.ingramcontent.com/pod-product-compliance
Lightning Source LLC
Chambersburg PA
CBHW050445010526
44118CB00013B/1694